para dar de comer al perro de pelea

para dar de comer al perro de pelea

Luis Felipe Rojas

Neo Club Ediciones
Miami 2013

© 2013 Luis Felipe Rojas
Todos los derechos reservados

ISBN: 1482642575
Library of Congress Control Number: 2013934012

Foto de portada: istockphoto.com
Foto de contraportada: Idabell Rosales
Maquetación: Alexandria Library (www.alexlib.com)

Neo Club Ediciones
Neo Club Press
www.neoclubpress.com

Para mi familia, extendida en los recuerdos y los besos
Para mis amigos de la Resistencia, esos soldados desconocidos y cubanos (en la isla y el mundo)
Para Luisa, mi madre

(máquina para borrar humanidades)

premonición

jueves santo. a punto y ya amanece
encuentro un ave muerta en la rejilla. un ave
mañana será día de pasión y luz. días para armar una tienda
/ a la intemperie
y decir basta. no quiero ser más tu inquilino. días para echar
/ el agua por la borda
agua dulce. agua de tomar
mañana será un día-luz. almendra
lo digo sin creerlo mucho. día de bajarse a caminar

un día almendra pero mis ojos no me dejan
hay un ave muerta en la rejilla

como un filme de trouffaut

la sangre va a correr desde el portón a los andamios
la escena va a empezar con trucos. la sangre va a correr
correrá el odio y esa droga que es la envidia. a cual de dos
atajaremos
a cuál de dos

la muchacha es una sombra lánguida. es una máscara celeste
contra el rostro de la tarde

la sangre va a correr contra nosotros
manchas grises leves contra la blanquecina luz

largas. las carreteras del país están lejanas

soy capaz de echarme a correr
de frente a los molinos
capaz de andar de puerta en puerta
como el que se arrima al boquete
a la trompa del fusil

yo luis de montana
declaro que están lejos los caminos
no se oyen desde este claro de manigua
esos cantos de la playa esas sirenas las que cantan
y las otras
no se oye desde este claro del bosque
el ruido el llanto de los primados
los inocentes que pisaron esta tierra

soy capaz de lanzarme a buscarlos a indagar
por los martiniqueños
parias que con mucho amor antepasados
me dieron otra lengua para hablar para comer para decir
he de lanzarme sobre la mala suerte de ser o no
un hombre una barcaza a merced del mar caribe

heredad

¿la distancia?
¿la memoria?

límites que mi país se inventa
adioses vanos
la góndola
el remo
la nostalgia... las postales...

los otros modos

esta es mi manera de meter la cabeza. voy a meterla mar adentro, monte adentro, y que vengan a buscarme. soy el buscador buscado Juan Francisco de La Parra. a mí que vengan a buscarme. meter mi cabeza. furia adentro. Yo salpico y pongo la cabeza sobre las visas nacionales sobre la angustia de ser un descreído un ser abominable y pobre pero pongo mi cabeza meto las manos la cabeza el pensamiento y los otros se repliegan me entregan. no la ponen

mirando la fuente de maheshwar

una flor entre las manos
y traspaso tus paredes de ladrillo y cal

quisiera estar de vuelta y saber por qué
un hombre se hace más humano junto al agua

los monjes desnudan los pies
y entran al agua   un laberinto
en esta fuente descubro un resquicio
un abismo entre Occidente y la ciudad sagrada

me tiendo
sucio
bajo el sol:
todavía no estoy limpio para entrar en ese aljibe

enero de 2001

en la plaza San Juan de Dios la muchacha rezaba
y el cartel rezaba ustedes los valientes
la muchacha estaba llorando no sabía cómo
pero estaba frente a mí.

la muchacha del turbante que por Alá –decía
y ellos se acercaron bajaban de la plaza
ustedes adelante los fuertes los valientes
ella puso los besos y no me atreví a salir
era diciembre todavía
yo no puedo –dije
con ese frío la desolación y el desamor
yo quiero –dijo
ya puedes –quise decir
pero ellos estaban y a mí no me gustan no me sientan

interrogatorios no –quise decir

período esp(a) ecial. años del subterfugio

acarrean el azúcar y pasan por mi casa por debajo de las tablas. máquinas abrevadero del dolor humano. los braceros de la sustancia nacional. el oro dulce de la patria a lomo del trotante desbarrancado el hombre que tiene que robar probar mentir entrar en la otra máquina. ya no pasan máquinas tintineantes en el alma. como en películas de guerra las otras guerras las máquinas no pasan sólo hombres. pasan con el miedo y la vida la esperanza a las espaldas pasan y miren las retorcidas atascadas máquinas desde el óxido a la muerte

silban y se van. la vida es un pretexto

pilón

hacia allá deben ir
las vacas y las flores

hacia la luz regresan
los muchachos que dejaron
las huellas de sus manos
en las arenas orientales.

sobre las manos de una blanquísima mujer
vimos los muñecos de maíz
y los crudos granos del arroz
haciendo de la playa
un sitio breve   diminuto
un prado salitroso
donde pastan las vacas
haciendo de las flores su alimento de verano

septiembre es un lugar
hacia donde van los muchachos
las vacas y las flores.

una historia sencilla

amaya flores pagán
dejó una víscera extraviada

puso las venas debajo del cuchillo
la sangre por debajo de las penas
y se echó a caminar delante de nosotros

en medio del ciclón de gentes que se iban
puso la sangre como pieza de recambio
desde entonces la muerte es un pájaro
un extraño ser que grazna en la mañana

amaya flores pagán
un muerto más un muerto menos
materia y carne de cifra y nombramiento

la muerte es tachar en rojo un número en azul
en letras grandes

mitos

el caballo del Cid chorreaba sangre
y no andábamos de juerga era su corcel y yo acarreaba tanques
de metal pesados tanques de metal sobre mi espalda el caballo
del Cid se desangraba se desjarreta decía el campeador y me
daba latigazos yo acarreaba tanques embarcaciones de metal
pedazos de la isla para hacerme de un futuro en el azul del mar
Caribe caribean trouppe negras que llaman al caballo corcel
que se desangra y me desangra Ruiz Díaz de Vivar me llama
en una mano el látigo la fusta suave de golpearme en mis ojos
flotadores balsas de metal
no andábamos de juerga

el caballo del Cid chorreaba sangre

el ángel

el aire
las alas
cruzar los mares:
cuestión de fe

cercano a la tormenta

acércame el candelero, Khiva,
los lobos aúllan demasiado cerca.
las hienas huelen de mí,
oh, Khiva, amor mío,
fieras a un soplo de distancia
y tú buscando lo imposible

hospitales

tuve mis cifras a la espalda
las escribí en aquella pared blanca

allí lo sirven todo en vasijas ambarinas
allí el horizonte rueda más temprano

ya no podría ver el sol.

hoy he vuelto a los prados florecidos en abril
pero me persiguen esa numeración a las espaldas
esa música
ese sinsabor en las comidas

vías para estar más cerca

dejar el odio en los caminos
hacer de ti
una luminosa espera
un temblor con solo adivinarte

que los golpes de tu amor
me dejen el consuelo del agua
y el alivio del mar
caribean trouppe
aguas que se van

éxtasis

ésta es mi palabra
ésta es la música por la que tengo que morir

me van a arrancar la lengua
para evitarse una canción:
yo que odio los potajes
las consignas
las banderas de hojas secas

me van a amarrar las manos
otros sentirán el miedo mío.

me van a cortar la lengua putrefacta:
sólo quiero cruzar las alambradas

el viaje más extraño

probé los granos de maíz
el agua de sus manos y las mías
pude pisar donde pisaron los antiguos

tuve la suerte de oler largo y sin prisa
me hice un ovillo
cuando el viento helado me golpeaba el rostro

eché a andar
tras el aroma y las canciones de la noche

crucé los dedos

consagración

ténganme aquí solo y sin el amor de Khiva

soy el tragaluz mortal que se empecina
una hebra pende bajo mi corazón
y no me arrimo
entregarme no Chiva fragor desconocido

heme aquí después de los desiertos y las penas
esperando el barbitúrico de amar
la poción de las Tres Fuentes

ténganme así
en los ojos el agua del desierto
en la memoria Khiva y los guardianes que la poseyeron

resumen del perdedor

lo vi atravesar el maniguazo
con la fortuna al hombro/ hecho de la esperanza y las manos
horribles de sus hijos muertos/ intentó borrar los restos de la
casa/ lo vi rompiendo el maniguazo/ ¿viste cuánto había? –me
dijo al salir/ pero lo vi rompiendo la vida el libro bajo el brazo/
la vida en las cubetas de luchar/ en las ganas de romper la vida
con sus hijos en el brillo de los ojos retina calobares fríos/
atravesando el maniguazo

un animal echado en el portillo

ha dicho *ñángara kakué*
como una oración bendita

soy –ha dicho
un antepasado del Hungán mayor
hijo de patricia la escondida y no pasa un día-barracón
la nocturna hora de comer y luchar
sin que me lance a matar en el pasillo

guadaña machete machetín en mano
la vida es un minuto discusión en el solar
el que da primero
primero se lleva las manos a los bolsillos
ganancias
monedas en su bolsa

ñángara kakué la mano en alto
acechanza
cuchillo entre los dientes

santiago vs industriales: finalísima. play off
para eduard encina, cuarto bate

yo no tengo sangre turbamulta que me aplasta y sigo la escritura es un don fortuito una manzana puente sobre mano temblorosa la vida se convierte en el acto de cerrar los ojos o de gritar más fuerte que abandonen el terreno el miedo te ronda en el camino de santiago o las veredas oscuras para llegar al cerro y pedir vayan a otro lado el egoísmo es levar el puente brazos fusiles palas picos defensa nacional levar los brazos tirar
sin miedo a la cabeza
al corazón sin miedo

paisanos
matanza colectiva

oración por la aldea que está lejos

que ya estás muy enfermo
oh Dios
y les pones trampas en el mar
aguas dentro de las aguas
y se esfuman las cosechas

que ya estás muy enfermo –dicen–
y no estás

celebración de las máquinas de fiesta

siempre existió un lugar prohibido
para amolar mi dentadura
y hacer del desgarramiento una fiesta
siempre hay una carne un ser que se sorprende y llora
y pide que así no
morir es una cosa digna –dice

pero siempre hay quien celebra tu embestida
máquinas del poder oscilatorio
artefacto para el miedo
y te exigen que así no
morir pero de vez en vez –dice
y aplaudo y hundo mis dientes en la carne
en el estiércol andante
ser pensante
morir pero de vez en vez –me dice
consagración
celebración
máquinas para entrar a la otra fiesta

principios

queríamos salvarnos del aplauso fatuo
las marquesinas las postales otra vez
quisimos poner de nuestra carne para no vender más cosas
cuando el hambre
bastón en mano entrara a quitarnos
alma corazón y vida
salimos a buscar especies
a canjear lo poco por lo poco
y negarnos al aplauso
a la risa-cafetín-cosmético-adornado

no de las manos sucias
salvarnos del aplauso

los peregrinos habitan la noche

había puesto los pies sucios contra la nada
los pies descalzos pavimento
para aprender la señal de la esperanza
el jugo de la sinrazón

se coló entre ellos nocturno barrio a solas
y descubrió a los coroneles de la noche
los vio en la diplomacia de la noche
las canciones matanza de la noche

estaban ahí a un soplo de la mano
tan cerca y qué mar por medio
canjeaban el precio agua del alcohol

volvió a hundirse en la tortura de la noche
los peregrinos entrando a la mañana

otra lección

cronicalias

le dicen chory
/metralla y deslavado y no pasa un día-luz
en que no asombre a sus mujeres/

chory
/el mejor de los amigos y no pasa un día-barbitúrico
día de inhalar la fe-constancia
día para aplastar la mala suerte sin que puedan apuntarle a la cabeza

chory
/asustado por los días que se arriman
un hombre que hace de la palabra
un montículo de huesos
abdicación dinero pólvora
dispara sin nombrar

se abre la camisa y pregona
la sangre mi sangre la de todos con el puño bien cerrado

horas de trabajo

sobrevivo así para no cargar con el pasado
soy el barredor el que lleva la indecencia
al punto máximo
sobrevivo así porque es sagrado el pan
como está en veda la salmuera
el vino el cirio perfumado en la cuaresma

sobrevivo
ocho horas de cara a la podredumbre
a mansalva de los trenes

ocho horas hombre ocho horas barredor
sobrevivo así
la infectada luz
debajo de los miedos

horas de trabajo siglos de espanto

(ayer)

aspiración de Khiva (la mancillada)
desde el portón herrumbre de la casa
atravesar espada en mano
a los violadores dormidos en la acera

una visión común

dios les habló a los hombres
a través de las briznas de paja
poniendo migas de pan en los senderos
son las huellas de un lenguaje extraño

yo me vuelvo con el golpe de la tarde
para ver si puedo entrar

situación

en medio de angustias de no estar de molerme la cabeza
por no ser por no ubicarme
las cartas que se perdieron en tu mar en tu balsa de matarme
respondo con estas premoniciones
para no entregar las manos
para no entregar de lado ese suspiro
la sinrazón los días fútiles y abiertos

yo no estoy –me respondiste
ya no estarás –me dijo con un tachador entre las manos

máquina para borrar humanidades –eso eres

    el derrumbe es inminente

aprendo a poner los ojos de mentir
por debajo de los lentes

estoy poniendo a prueba
la eficacia de mi lengua
mi olfato barredor
la contraseña para alcanzar la carne

ahora las goteras perderán intermitencia
ya verás como se acaban mi número y mi letra
el derrumbe es cosa de minutos

(máquina para entrar a la otra fiesta)

                    del que abjura ante ti

que no van a devolverme la alcantarilla
aposento luz guarida

que me duermevelan
que me cuplesueñan a cada paso*
porque les duermo la vida en el cuenco de las manos
les haré comer en el boca a boca
grito pancarta soldadesca
con tal que no me prendan
con tal que me respiren
me desangren
me hagan libar de su veneno
y sea uno más
o menos
el que abjura por vergüenza y pide
rastrojo por rastrojo
yo
el que abjura por cansancio y habla
de mí de todos
por todos la palabra túnel

quiero volver a ese lugar

* *(sobre una idea de m.h.m)*

hambre

cuando el pájaro se posa
(otra vez)
en la ventana lo llamamos
(a través de los cristales)
para tenerlo quedo y silencioso

reducida es la memoria

mis amigos son islas que se alejan
vendavales rumbo norte o sur pero no vuelven

tuve la suerte de saberlos esperar por mí
tengo intacto el día en que fui a buscarlos
ya no estaban
mis amigos son islas
material gastable
como palabras que dicen

el revólver es un ave una canción tan sorda
pequeños prados en el mar
la cuerda la cicuta la mordaza
los guardianes del idioma

o ellos o una plaza sitiada a fin de año

para mis amigos de siempre Ramón Legón Pino,
Martha María Montejo, Mariela Varona Roque y
Michael Hernández Miranda: por aquella oscuridad,
por aquel sábado sin voz.

agujero y luz

que tu amor sea el pan de media noche
como tus manos han de ser el otro pasadizo
la otra pared
la luz
la luz
la luz
otra manera de esperarte

las puertas de los bosques se abren
con la luz de los que llaman

los perros han de comer de tu mano
soplan aires de guerra
y no puedes fiarte
fieras que rondan tu casa
perros que al alba te persiguen
fieras
una luz para que estés alerta

otra vez un rey. otra vez los suicidas

estoy poniendo a prueba de disparo las canciones

entre una mujer que baja solitaria de todas las estrellas
y un pescador desconocido se está haciendo una grieta
está por levantarse un muro de palabras
un estercolero parecido a la bandera de una patria
unas memorias que me quedan grande

tengo a ojo de gatillo
a punta de saber
las ruinas de la memoria los gustos
el tacto del sabedor

estoy perdiendo la razón
pero tendrán que venir por mí
por los perros que estoy acariciando
tendrán que esperarme a la vuelta de mis fantasmas
a un lado de tanta palabra armada

breves diarios

era yo un adolescente y pensaba nunca llegaré
al lado de mi casa se está cayendo el mundo
están tumbando el muro –me atreví a decir
mientras mis vecinos descentraban animales
para darle de comer a sus perros de pelea

el mundo terminaba con mi vaso de caldo tan exiguo
mi cuota de vergüenza tanta hambre
era yo un adolescente y la memoria
estaba a sobresaltos a saltacampos
como el que desea tragarse el mundo
las palabras
diez años de tortura periodo sobrenatural
es demasiado para un alma adolescente

años noventa
todavía los recuerdo

posguerra

serán estos los objetos para desamar
y quitarnos del punto de la memoria
la pertenencia-oro
la figura-talismán

inventario y carencia
de la figura desgastada
mendicante y lívida la guerra que fue
metralla y pudrición

la memoria de la guerra
es desagüe
nada

plegaria

dame oh Dios
la salud del gran guerrero
los pies del que está en la lejanía
la memoria del que se ha marchado
también dame la esperanza
oh Dios
y algún modo para cantarte en la mañana

sería bueno

para mariela varona roque

poner a todos los amigos en fila india
como a las matriuskas. a ver si sobre
viven a ver si sobrepasan el temporal
las ganas de esperarte. sería bueno saberlos esperando.
sería bueno ir de bosque en bosque y preguntar
por los amigos de los amigos y saber si son
iguales y ponerlos como a las matriuskas.
hacer que te devuelvan el sombrero la sombrilla
los peces los gatos el colegio. cómo sé yo
de mis amigos por sus pisadas sus buenos tiempos
sus cartas sus ganas de esperarme. cómo sé
de la espera y el sopor y el susto de saberse
amigos míos en esta turbulencia en que me
encuentro. tendré que regresar a la niñez de todos
y ponerlos en el agua. a ver si flotan

la muerte

círculos de ceniza sobre el rostro
hondonadas de agua
burbujas cristalinas
simples
mínimas

ciudad del cabo (amanecer)

yo estuve donde los barrotes de una celda eran una mancha
/ sobre el mar
donde las postales eran amarillas
y de un valor inalcanzable

fui hasta donde el amor
y era un silencio un gesto de la mano
una mujer trenzándose el cabello
a la puerta del teatro
un gesto y nada más

antes de ver el sol
vi la muerte
era una mujer con trenzas
su rostro en las postales amarillas de ese año
un gesto de la mano a través de los cristales
fortuna a estallarme en el bolsillo

yo estaba sobre el desamparo y el miedo de aquel viaje
pensaba en mi perro de pelea

(...)

defiendo la cuadrilla y temo
los veo de limosna en limosna
al pecho la camisa abierta
sufren desgranan el amor,
lo moldean, pero no saben
sufro por ellos de puerta en puerta
piden amor dinero
dan todo el botín
piden a sí mismos
piden tanto
hacen
abro mis puertas a su desventura
sírvanse de mí de todos
a mansalva
seres queridos

en esa voz

tiene que estar la consonancia de algún nombre
debe ser muy fuerte
golpear sobre los cuerpos
caminar entre ellos y esconderse

esa voz látigo desde la calle
ese martillo sin razón en los oídos
tú estás buscando un nombre
un signo diminuto
para darle de comer al cuchillo de tu lengua

carnes mal cocidas. pregoneros que se afanan

estos son días bicicleta para partir el odio

los vítores sólo se cantan al amanecer:
en el reciente yodo y las comidas especiales
hay una señal toque de tambor
son avisos
los pregoneros ya no pueden más

tus días bicicleta están por terminar
haz de obligarte a la comida mandamiento
desesperanza romano sin linaje
los sables trinan
pregoneros que se afanan y no encuentran

comidas mal pensadas

verano son los meses del pedal
días bicicleta para el odio contra todos

pregoneros contra ti

pequeña canción

no busques más el envoltorio rojo
amuleto que descansa al fondo del estanque

exilio: parábola del renegado

enseña la lengua del quijote
sobrevive del idioma en una pocilga de louisiana
piensa el ajedrez las furnias de la calle y anda

atraviesa la vidriera sueño
y golpea con la frente los puños bien cerrados
la nostalgia
reza mi nombre el de mis hermanos en la lengua del quijote
ora y gime

louisiana se hace un punto oscuro y sin nombrar
lloro en silencio sin pensar una palabra

silencio

porque tu corazón camina
se arrastra bajo las flechas
impone su andar hacia los ojos de un dios que no te ve

cuando tu corazón percute
se acurruca entre los dedos
barbulle entre la sangre
río mansedumbre
dardos

flechas del dios que nos ignora

himnos mínimos

buscando el fondo –les decimos y no atinan
sólo el fondo por hoy. Todos los negros son así

iguales son los gatos en la noche. Las noches
las negras. El Caribe. Qué azul. Y qué negro

los gatos y ustedes

andamos en ese asunto del fondo
no hallamos una victoria que cantar
detrás de las industrias o los objetos patrios
estamos detrás de todo. En eso andamos

no todos los negros (de) ahora. No siempre

no siempre el fondo. El punto ex-tremis
negras Caribbean-troupe. In ex-tremis
son urbanidades. Vanas-vanas. Es así
todos los gatos. Las sombras. Las mujeres
(Algunas). La noche encima
pero los negros sí. Todos todos los negros
y el Caribe
todos los negros

límites (una variación)

me dicen hermano y saben lo contrario

hombre a ciegas
la cara aplastada en el cristal
la mano corazón
el hueco de los ojos

la esperanza achatada en la vidriera
el ánimo de espaldas al contén
me guardo el hambre la saliva
la fiesta de lo ojos

me dicen hermano y saben lo contrario

de la memoria de los tiempos nuevos

en rifas de altas y bajas piden todo de ti
y lloro pues te ofreces como un pez
vendimia sin recato
ofreces tu corazón el cuerpo desolado
yo regresé como hans peter lugwen
marino a sueldo bajo
y lloré al ver tu rostro entre las manos de Dios
tan frías
oh Dios para cuidarte acaso
no tuve la esperanza
la fe de verte a salvo
es un día impar y me persigno

los perros vuelven a rondar mi casa
el olor a sangre es tal
es tal la peste
las vísceras el cuerpo
la res desollada
a la puerta de la casa

regalan tomos grises escolares

hicieron de la noche un hoyo negro
un salidero gris
una pancarta

han hecho de mi sombra una sucia biografía
escolares indefensos
basura a consumir
esa vida era un desastre –ha dicho
al cerrar el tomo gris

aprenden la historia nacional
de espaldas
con las ventanas semiabiertas a tomo gris
con letras ya borrosas

escolares
indefensos
mirando el salidero gris oscuro
de la noche

o de la patria

marginados: marginalia

tú que has venido de la tierra de Pavlov y Atila
hazme saber los menstruados pasadizos para volver
o hacerme a un lado cuando la diana toque a rimbombancia

no sé cómo se enhebran las agujas
o se componen los relojes de esa casucha
cómo se las arreglan para vivir
del pan y el odio
pero han de entrar de dos en dos a compartir lo suyo
estarán poniendo letreros
haciendo un parapeto
y en la cabeza unos carteles tristes

tú sabes de la costumbre
de poner cerveza donde quiera
sabes que la comida es un sueño a compartir
entonces diles que no me olviden
avísales que no me dejen fuera
yo soy un adivino sin peligro de hablarles/
del pasado
pídeles que no me maten...
otra vez

puente levadizo

cómo sabré si lo han notado

siempre me golpeó la foto de la virgen desflorada
siempre vi los ojos de su madre
pensé (o dije) el azar la cuerda

cómo paso y me persigno me digo yo no tengo que marcharme
ni tengo que sembrarme en un lugar
una foto imagen compromiso golpe de memoria muerte lenta
todo es azar concurrencias a destiempo

levar el puente a la hora exacta
el dedo en el gatillo

saber si lo han notado

testamentaria. perdones que nos faltan

la isla de humo se vende se canjea
a la isla la matamos en los puestos de la playa
hoy ellos bajan a las arenas
van a los desconocidos y trampean
hacen como quien desea salvar algo
pero los veo
y me persigno
a veces viene Dios
a veces aprieto el gatillo
sin más consuelo que otro grito
otra isla sin dolor...
virtual

los enviados son máquinas de amar

vengo a nombre de ellos
los que se acodan en mi choza
y sin otro modo
se miran las manos vacías
los pies descalzos
caballos a tropel al fondo de sus ojos

vengo a nombre de ellas
las que vendieron el encanto
y esperan el vestido
como una prenda para el alma
procede tú, oh, Dios,
apostado al fondo de las noches
a la puerta de los días
procede tú
anciano intemporal
sin nombre y ganas de mirarnos

lo que conformo

La flor y el hacha. La carne.
El látigo.
¿El rey? –la flor, dijo.
¡La flor!
Las preguntas. Los aplausos.
Las plazas.
¿Las banderas? –las respuestas, dijo.
¡Las banderas!
La flor y el hacha. ¿Y la carne?
¡La carne siempre!
La carne.

un lugar común

mi cabeza oh hermano
con tal que no te pierdas
mi cabeza

mis monedas y mi lumbre oh hermano
con tal que no regreses
mis monedas y mi lumbre
mi memoria

mis ojos y mi lengua
mis palabras
primero mi nombre

el árbol
mi casa
mi país acaso
con tal que no te expulsen
que no vivas la zozobra de los días por venir
la oscuridad oh hermano
la puerta sin cerrojo

procedan ellos (los que van delante)

si las manos no están atadas
si los pies –a través de los desiertos
andan ligeros y firmes
por qué tu estancia de años en el vano de la puerta

cómo no puedes ver los gamos
las gacelas
puntos lejanos en los montes
cuando saltan chillan
y te animan a seguirlos

el hoyo por donde se van las canciones

vi al mendigo atravesar el patio
los bichos comiendo de sus ojos
del sarro de las manos
lo vi pedir una canción
un pedazo de luz para comer

el orificio por donde llegaban los mensajes
era un lugar en medio de la patria
cartas a destiempo
historias por contar

había un lugar estrecho
como las rajaduras del país
zanjado para que no entraran las canciones

futuro virtual-siglo XXI

volví a partirme la cabeza
frente al muro de palabras que me ahogaba

miento al conciliar los datos de mi sangre
al decir el santo y seña
hombre condenado
atraviesa las puertas del país
y libre ya de los miedos el dolor
la fuga la náusea
de saberse condenado
avanza
ora por nosotros
pide toma

mentiras en la cifra
la cabeza contra el muro

cinema barrio oscuro-mujeres de revistas

aquí sueñan el vestido el convertible
la familia
diosas nuevas
mujeres de cetona y pieles mal curtidas

aquí piensan la fortuna
cinema barrio oscuro
doncellas de charol y engaño
policromía de un paisaje que se fue
hembras más allá de la vidriera
y la subasta

alcurnia de estos tiempos
nacionales o extranjeras
mujeres cañón del bombardeo mesoneras
reinas
hijas de Dios
por no morir
si la vida se vuelve una pantalla oscura

historia de un crimen. otro crimen. otro crimen

las vimos pasar así de tristes
así de cabizbajas las pusieron en el carro
los años
turbulencia remoto documento
dieron cuenta de sí mismas

los años pasaban. pasaban ellas:
el cuchillo. La flor. La soga. Una estaca
en una calle oscura encontraron aquel saco
las vi pasar con pena

mi madre ponía flores
junto al cuadro vacío del cristal

así de tristes

viajes por hacer

yo luis de montana
confieso ante ustedes que el día no es el punto
la partida
vi la muerte correr detrás del inmigrante
la vi comiendo del corazón de mi mujer

los inmigrantes ponían proa a sus pequeñas islas
y la caribean trouppe *negras que siempre sueñan*
negros que siempre sueñan
les deshacían sus maletas

tantos años esperando la barcaza la esperanza
años de hacer maletas y recuerdos
los vi dormidos junto al mar

negras caribean trouppe
siempre sueñan
negros caribean trouppe
siempre llaman

estaciones para el sueño
inmigración
viajes por hacer

resúmenes: los azotados se despiden

ahora el carnicero tiene el mal de alzheimer
ahora es manso y no me pide pero no me roba
sigo sin entender sin probar de su arrogancia

ahora las señoritas de mi barrio no vestirán así
de negro

soy el maniquí y no me miran
nacionales o extranjeras
de la cruz roja no me llaman no saben mi nombre
yo no voy a extranjería
no duermo en embajadas
casi todos se están yendo
yo no puedo
yo no tengo el mal de alzheimer

índice

premonición ... 11
como un filme de trouffaut ... 12
largas. las carreteras del país están lejanas ... 13
heredad ... 14
los otros modos ... 15
mirando la fuente de maheshwar ... 16
enero de 2001 ... 17
período esp(a) ecial. años del subterfugio ... 18
pilón ... 19
una historia sencilla ... 20
mitos ... 21
el ángel ... 22
cercano a la tormenta ... 23
hospitales ... 24
vías para estar más cerca ... 25
éxtasis ... 26
el viaje más extraño ... 27
consagración ... 28
resumen del perdedor ... 29
un animal echado en el portillo ... 30
santiago vs industriales: finalísima. play off ... 31
oración por la aldea que está lejos ... 32
celebración de las máquinas de fiesta ... 33
principios ... 34
los peregrinos habitan la noche ... 35
cronicalias ... 36
horas de trabajo ... 37
(ayer) ... 38
una visión común ... 39
situación ... 40
el derrumbe es inminente ... 41
del que abjura ante ti ... 45
hambre ... 46
reducida es la memoria ... 47
agujero y luz ... 48

las puertas de los bosques se abren
con la luz de los que llaman..49
otra vez un rey. otra vez los suicidas 50
breves diarios...51
posguerra..52
plegaria...53
sería bueno...54
la muerte...55
ciudad del cabo (amanecer)...56
(...)..57
en esa voz...58
carnes mal cocidas. pregoneros que se afanan 59
pequeña canción..60
exilio: parábola del renegado..61
silencio..62
himnos mínimos 63
límites (una variación)...64
de la memoria de los tiempos nuevos................................65
regalan tomos grises escolares..66
marginados: marginalia 67
puente levadizo..68
testamentaria. perdones que nos faltan 69
los enviados son máquinas de amar 70
lo que conformo 71
un lugar común...72
procedan ellos (los que van delante).................................73
el hoyo por donde se van las canciones............................74
futuro virtual-siglo XXI 75
cinema barrio oscuro-mujeres de revistas........................76
historia de un crimen. otro crimen. otro crimen 77
viajes por hacer 78
resúmenes: los azotados se despiden 79

Algunos títulos de Neo Club Ediciones

Apocalipsis: La resurrección (Colección Narrativa)
Armando Añel

El libro del poeta en actos (Colección Ensayo)
Ángel Velázquez Callejas

Marja y el ojo del Hacedor (Colección Narrativa)
Manuel Gayol Mecías

Los cuerpos del deseo. Antología del cuento erótico (Colección Narrativa)
Treinta autores hispanoamericanos

Made in the USA
Middletown, DE
18 May 2025

75669684R00049